BEI GRIN MACHT SICH IHR WISSEN BEZAHLT

- Wir veröffentlichen Ihre Hausarbeit, Bachelor- und Masterarbeit

- Ihr eigenes eBook und Buch - weltweit in allen wichtigen Shops

- Verdienen Sie an jedem Verkauf

Jetzt bei www.GRIN.com hochladen und kostenlos publizieren

Sebastian Fieber

Die veränderte Rolle der Bundeswehr am Beispiel der Operation ATALANTA

GRIN Verlag

Bibliografische Information der Deutschen Nationalbibliothek:

Die Deutsche Bibliothek verzeichnet diese Publikation in der Deutschen Nationalbibliografie; detaillierte bibliografische Daten sind im Internet über http://dnb.d-nb.de/ abrufbar.

Dieses Werk sowie alle darin enthaltenen einzelnen Beiträge und Abbildungen sind urheberrechtlich geschützt. Jede Verwertung, die nicht ausdrücklich vom Urheberrechtsschutz zugelassen ist, bedarf der vorherigen Zustimmung des Verlages. Das gilt insbesondere für Vervielfältigungen, Bearbeitungen, Übersetzungen, Mikroverfilmungen, Auswertungen durch Datenbanken und für die Einspeicherung und Verarbeitung in elektronische Systeme. Alle Rechte, auch die des auszugsweisen Nachdrucks, der fotomechanischen Wiedergabe (einschließlich Mikrokopie) sowie der Auswertung durch Datenbanken oder ähnliche Einrichtungen, vorbehalten.

Impressum:

Copyright © 2012 GRIN Verlag GmbH
Druck und Bindung: Books on Demand GmbH, Norderstedt Germany
ISBN: 978-3-656-29600-3

Dieses Buch bei GRIN:

http://www.grin.com/de/e-book/202265/die-veraenderte-rolle-der-bundeswehr-am-beispiel-der-operation-atalanta

GRIN - Your knowledge has value

Der GRIN Verlag publiziert seit 1998 wissenschaftliche Arbeiten von Studenten, Hochschullehrern und anderen Akademikern als eBook und gedrucktes Buch. Die Verlagswebsite www.grin.com ist die ideale Plattform zur Veröffentlichung von Hausarbeiten, Abschlussarbeiten, wissenschaftlichen Aufsätzen, Dissertationen und Fachbüchern.

Besuchen Sie uns im Internet:

http://www.grin.com/

http://www.facebook.com/grincom

http://www.twitter.com/grin_com

Fieber, Sebastian

Die veränderte Rolle der Bundeswehr am Beispiel der Operation ATALANTA

Facharbeit in Sozialkunde

Peter-Joerres-Gymnasium
2012

Inhaltsverzeichnis

1. Einführung .... - 4 -

2. Die Rolle der Bundeswehr im Kontext der sich ändernden nationalen und
   internationalen Rahmenbedingungen von der Gründung bis heute .... - 4 -
   2.1. Nationale Verteidigungsarmee .... - 4 -
   2.2. Internationale Einsatzarmee .... - 5 -

3. Internationale Einsätze der Bundeswehr .... - 6 -
   3.1. Schaffung der Rahmenbedingungen .... - 6 -
   3.2. Abgeschlossene und aktive Einsätze .... - 7 -

4. Operation ATALANTA .... - 9 -
   4.1. Politischer und rechtlicher Hintergrund .... - 9 -
   4.2. Ziele und Verlauf des Einsatzes .... - 11 -

5. Die Bundeswehrreform als notwendige Maßnahme zur Anpassung an die sich
   ändernden sicherheitspolitischen Bedingungen .... - 12 -

6. Fazit und Ausblick .... - 13 -

7. Literaturverzeichnis .... - 16 -

1. Einführung

Bilder und Meldungen von blutigen Auseinandersetzungen in Syrien und der übrigen arabischen Welt werfen heute täglich die Frage auf, ob sich aus diesen gewaltsamen Konflikten für Deutschland die Notwendigkeit ergeben kann, im Rahmen von Bündnisverpflichtungen zur internationalen Krisenbewältigung militärisch aktiv zu werden.

Neue Sicherheitsrisiken infolge globaler politischer Veränderungen führen zu neuen Anforderungen an die Sicherheitspolitik der Bundesrepublik. So wird Deutschland in zunehmendem Maße von der internationalen Gemeinschaft in die Pflicht genommen, neben seiner tragenden wirtschaftlichen und politischen Rolle auch auf militärischem Gebiet wesentliche Aufgaben zur weltweiten Krisenbewältigung, Konfliktstabilisierung und Friedenserhaltung zu übernehmen.

Waren bis in die späten 80er Jahre militärische Auslandseinsätze der Bundeswehr unvorstellbar, so wurden sie in den Folgejahren zum permanenten Bestandteil der deutschen Sicherheitspolitik. Hierzu findet im Land seit mehreren Jahren ein Umdenken sowohl auf politischer als auch auf militärischer Ebene statt. Welche konkreten Auswirkungen und Erfordernisse sich aus diesem Prozess für die Sicherheitspolitik und in besonderem Maße für die Bundeswehr ergeben, soll in den folgenden Ausführungen näher erläutert werden.

2. Die Rolle der Bundeswehr im Kontext der sich ändernden nationalen und internationalen Rahmenbedingungen von der Gründung bis heute

2.1. Nationale Verteidigungsarmee

Nach der Entmilitarisierung Deutschlands als Folge des zweiten Weltkrieges wurde erstmals in den Jahren 1950/51 über eine Wiederbewaffnung und Gründung Deutscher Streitkräfte nachgedacht. Grundlage für die Gründung der Bundeswehr und deren Einbindung in die NATO war eine Änderung des Grundgesetzes, die am 26.03.1954 in Kraft trat.[1] Die Bundeswehr hat gemäß dem Grundgesetz den Auftrag, Deutschland und seine Verbündeten gegen eine äußere Bedrohung zu verteidigen. Am 12.11.1955 erfolgte die Vereidigung der ersten Freiwilligen, die Wehrpflicht wurde am 21.07.1956 eingeführt.[2][3]

Mit dem NATO-Beitritt im Jahr 1955 verpflichtete sich Deutschland, im Verteidigungsfalle den Bündnispartnern beizustehen. Zu Zeiten des Kalten Krieges hatte die Bundeswehr eine Truppenstärke von bis zu 495.000 Soldaten.[4] Als Gegenpol zur NATO wurde am 14.05.1955 die „Warschauer Vertragsorganisation" (WVO, im Westen gebräuchliche Bezeichnung „Warschauer

Pakt") als militärischer Beistandspakt gegründet, der unter Führung der Sowjetunion stand.[5][6] Zu den Mitgliedsländern gehörte auch die DDR als unmittelbarer Nachbar der Bundesrepublik Deutschland. Durch die Bildung militärischer und politischer Machtblöcke und den Zusammenschluss politischer Lager entstand eine „bipolare Welt" zwischen Ost und West als Grundlage für Wettrüsten und Kalten Krieg. Die Bundeswehr stellte an der Trennlinie der beiden Machtsysteme eine nationale Verteidigungsarmee dar, deren allein strukturbestimmende Aufgabe es war, militärische Angriffe mit konventionellen Waffen abzuwehren und den Schutz des Staates vor Angriffen von außen zu garantieren.

2.2. Internationale Einsatzarmee

Nach dem Ende der politischen Blöcke und der Verschiebung der Machtverhältnisse musste sich die Bundeswehr auf neue Bedingungen und eine veränderte sicherheitspolitische Lage einstellen.[7] Deutschland und seine Bündnispartner werden nicht mehr durch starre Machtblöcke, sondern durch asymmetrische und kaum einzugrenzende, transnationale Risiken bedroht. Aus den Verteidigungspolitischen Richtlinien (VPR) von 1992 geht hervor, dass der „sicherheitspolitische Umbruch die strategische Ausgangssituation Deutschlands grundlegend verbessert [hat]" und „für Deutschland die existentielle Bedrohung des Kalten Krieges irreversibel überwunden [ist]".[8] Um neuen asymmetrischen, unmittelbaren und mittelbaren Bedrohungen aus u. a. zerfallenen („failed states") oder zerfallenden („failing states") und unterdrückten Staaten sowie Fluktuationen von verschiedenen staatlichen Strukturen, die ein neues Risikospektrum mit sich führen, zu überwinden und zu bewältigen, verlangt dieser Umbruch sowohl politisches als auch militärisches Umdenken.[9] Deshalb soll eine wirksame Bewältigung von Krisen und Konflikten, verursacht durch hochgerüstete und z. T. instabile Staaten, die Gesamtlage in Europa stabilisieren und die europäische Teilung überwinden helfen. Ziel ist die Prävention von Bedrohungen sowie die kollektive Verteidigung und die Erhaltung der territorialen Unversehrtheit. Unverändert stellt die eigene Verteidigungsfähigkeit die Grundlage einer deutschen Sicherheitsvorsorge dar. Deshalb müssen sich die Streitkräfte quantitativ und qualitativ den neuen Bedingungen und Vorgaben anpassen, um die Effizienz zu erhöhen. Ziel ist die Entwicklung der Bundeswehr zu einer mobilen und flexiblen Eingreiftruppe, um schnell im Bündnis reagieren zu können.[10]

„Die Struktur der Bundeswehr wird konsequent auf Einsätze ausgerichtet."[11] Dazu erfolgte Anfang der 1990er Jahre eine Gliederung der Streitkräfte in Krisenreaktionskräfte (KRK) und Hauptverteidigungskräfte (HVK). Im Jahr 2010 wurde diese Struktur durch eine Gliederung in

Eingreifkräfte (zur schnellen Intervention), Stabilisierungskräfte (für langanhaltende Einsätze) und Unterstützungskräfte ersetzt.[12] Besonders nach den Terroranschlägen vom 11.09.2001 wird der Wandel der Sicherheitslage und Bedrohungen deutlich. Verteidigung „schließt die Verhütung von Konflikten und Krisen, die gemeinsame Bewältigung von Krisen und Krisennachsorge ein"[13] und so lassen sich die Einsätze weder geografisch noch in ihrer Intensität eingrenzen.[14] Ungelöste Konflikte können sich im Zusammenspiel mit dem internationalen Terrorismus, der organisierten Kriminalität oder zunehmenden Migrationsbewegungen unmittelbar auf die deutsche und europäische Sicherheit auswirken.[15] Dadurch entstehen für die NATO und die Bundeswehr neue Pflichten und Chancen, denn die multinationale Einbindung der Bundeswehr sowie die präventive, kohärente Organisation und Kooperation von EU, UN und NATO sind Grundlage für die Ursachenbekämpfung und die Sicherheit des Bündnisses. Deutschland verpflichtet sich in internationaler Verantwortung zur Vorsorge und schnellen Reaktionsfähigkeit seiner Streitkräfte und zur Verteidigung seiner Verbündeten, auch im Fall konventioneller Angriffe. Als Mitglied der NATO, EU, UN und der OSZE spielt Deutschland auch militärisch im Kampf gegen terroristische und asymmetrische Bedrohungen eine entscheidende Rolle. Im Rahmen des Konzepts Vernetzte Sicherheit werden bei gemeinsamen Einsätzen die Fähigkeiten des „pooling" (Bündelung – enge Zusammenarbeit) und „sharing" (Rollen- und Aufgabenverteilung) genutzt.[16] Für die Aufgaben in internationalen Einsätzen stehen rund 10.000 Soldaten zur Verfügung, damit die Bundeswehr auch in Zukunft mit einem breiten und flexiblen Spektrum an Truppen und Material auf sich schnell ändernde Bedrohungen reagieren kann.[17]

Die Bundeswehr ist vor allem ein Instrument der Außen- und Sicherheitspolitik. Zusätzlich kann die Bundeswehr laut Grundgesetz Art. 35 Abs. 2 Satz 2 „zur Hilfe bei einer Naturkatastrophe oder bei einem besonders schweren Unglücksfall" nach dem Subsidiaritätsprinzip Streitkräfte im Inland einsetzen. Beispiele dafür sind die Oderflut 1997 oder das Elbehochwasser 2002. Bei einer Bedrohung der Existenz der Bundesrepublik oder der freiheitlich demokratischen Grundordnung, kann - wenn die Bestimmungen von Art. 91 Abs. 2 GG erfüllt sind - die Bundeswehr nach Art. 87a Abs. 4 GG auch im Inneren eigesetzt werden.

3. Internationale Einsätze der Bundeswehr
3.1. Schaffung der Rahmenbedingungen

Am 12.07.1994 entschied das Bundesverfassungsgericht im sogenannten „Out-Of-Area Urteil" über die verfassungsrechtliche Zulässigkeit von Auslandseinsätzen der Bundeswehr.[18] Nach

Art. 24 Absatz 2 des Grundgesetzes kann sich der Bund „zur Wahrung des Friedens einem System gegenseitiger kollektiver Sicherheit einordnen". Dennoch bedarf es eines Mandates für einen Einsatz der Bundeswehr durch die Zustimmung des Bundestages mit einfacher Mehrheit. Diese Entscheidung macht die Bundeswehr nicht zum Staat im Staat. Sie bleibt dem Primat der Politik unterstellt und ist eine Parlamentsarmee.[19] Vollständig ist das Urteil im Parlamentsbeteiligungsgesetz vom 18.03.2005 niedergeschrieben. Dem Bundestag bleibt es somit vorbehalten, gegen Einsätze zu stimmen oder Streitkräfte zurückzubeordern. Jedes Mandat, das vom Bundestag erteilt wird, beschränkt sich grundsätzlich auf zwölf Monate. Eine Verlängerung erfolgt bei erneuter Abstimmung. Ausnahme bilden „Einsätze bei Gefahr in Verzug", bei der die Billigung durch das Parlament nachträglich erfolgen kann, der Bundestag jedoch darüber informiert werden muss. Näheres zur Abstimmung regelt § 96a der Geschäftsordnung des Bundestages zum Verfahren nach dem Parlamentsbeteiligungsgesetz.[20][21] Weitere rechtliche Grundlagen für den Einsatz bilden u. a. Resolutionen der Vereinten Nationen, der NATO oder der EU.[22]

Neben der rechtlichen Konzeption bedarf es der Vorbereitungen durch die Politik und das Militär. Je nach Einsatzland, Aufgaben und Bedrohung sind die Streitkräfte dementsprechend zu rekrutieren, auszurüsten und auszubilden. Kamen im Kosovo noch Leopard 2 Kampfpanzer zum Einsatz, ermöglichen und erlauben die geografische Struktur Afghanistans sowie die dortigen Aufgaben die Verwendung dieser Waffensysteme nicht. Auch die Zusammenarbeit im Bündnis verlangt eine koordinierte Versorgung und Abstimmung der eingesetzten Kräfte. Die Bundeswehr verfügt z. B. über keinerlei Kampfhubschrauber in Afghanistan und ist deshalb auf die Unterstützung der amerikanischen Streitkräfte angewiesen. Häufig kommen auch „neue" Kräfte und Spezialkräfte zum Einsatz. Dazu zählen das Kommando Spezialkräfte (KSK) oder die Truppe Operative Information.

Auch die öffentliche Präsenz, z. B. in Internet und Printmedien, sowie die Information und Aufklärung der zivilen Bevölkerung gehören heute als moderne Vor- und Nachbereitung zu den Einsätzen. Durch die wachsende Bedeutung der Medien kann Kommunikation den Verlauf und das Ergebnis von Einsätzen maßgeblich beeinflussen.

3.2. Abgeschlossene und aktive Einsätze

Die Bundeswehr dient dem Schutz der Bundesrepublik Deutschland und der Verbündeten im Kollektiv durch ein Mandat der NATO oder der UN. Angriffskriege werden grundsätzlich durch Art. 26 Abs. 1 GG, sowie Art. 2 des Zwei-plus-Vier-Vertrages vom 12.09.1990 ausgeschlossen. Einsatzziele sind Friedenserhaltung, Friedenschaffung oder humanitäre Hilfe.

Der erste Auslandseinsatz der Bundeswehr wurde im Rahmen der Operation Desert Storm, der Offensive gegen den Irak im Zweiten Golfkrieg, vom 30.01.1991 bis 17.03.1991 durchgeführt.

Zu den wichtigsten abgeschlossenen Präventions-, Schutz- und Hilfseinsätzen zählt die Teilnahme an der United Nations Operation in Somalia - UNOSOM II (1993-1994) mit ca. 1.700 Soldaten zur logistischen Unterstützung der Stabilisierungsmission der UN.

Zur Umsetzung und Sicherung des Friedens im Balkankrieg nahm die Bundeswehr an IFOR (Implementation Force) von 1995 bis 1996 und an SFOR (Stabilisation Force) von 1996 bis 2004 unter NATO-Führung teil. Die Einsätze wurden von KFOR (Kosovo Force) und EUFOR (European Union Force) abgelöst und dauern noch an.

Deutsche Aufgaben im Rahmen der Operation Enduring Freedom waren die maritime Unterstützung von verbündeten Marineeinheiten, die Überwachung der Küste am Horn von Afrika, die Stellung von ABC-Abwehrkräften in Kuwait und von Spezialtruppen in Afghanistan sowie der Lufttransport von der US-Basis Ramstein nach Istanbul. Zudem wurden Einsätze im Kongo, Äthiopien und Eritrea, Sudan oder Georgien als Beobachtungsmissionen der UN durchgeführt.

Aktuell befinden sich 7.235 Soldaten der Bundeswehr (Stand: 18.03.2012)[23] in Auslandseinsätzen. Seit 1999 beteiligt sich die Bundeswehr nach Beendigung des Kosovokrieges mit KFOR unter NATO-Führung am Aufbau und Erhalt, Überwachung und Unterstützung des Landes und leistet umfassende humanitäre Hilfe. Die Mandatsobergrenze liegt hier bei 3.500 Soldaten. Seit Dezember 2004 werden in Bosnien-Herzegowina unter EU-Führung durch EUFOR die Festlegungen im Friedensabkommen von Dayton (1995) durch militärische Absicherung mit einer Mandatsobergrenze von 900 Soldaten umgesetzt.

Mit bis zu 5.350 Soldaten stellt die Teilnahme an ISAF (International Security Assistance Force) in Afghanistan den aktuell größten und aufwändigsten aktiven Auslandseinsatz der Bundeswehr dar. Insgesamt beteiligen sich 47 Länder an der ISAF mit insgesamt 119.819 Soldaten (Stand: 18.03.2012).[24] Seit Dezember 2001 hat mit Beschluss des Bundestages die Bundeswehr unter Führung der NATO den Auftrag, im Norden des Landes im Kampf gegen den internationalen Terrorismus die Sicherheit herzustellen und zu wahren sowie die Wahrung der Menschenrechte durchzusetzen. Dazu zählt nicht nur der Kampf gegen die radikalislamistischen Taliban, sondern auch die Ausbildung der afghanischen Armee und Sicherheitskräfte durch „Operational Mentor and Liaison Teams" (OMLT). Das „Shape-Clear-Hold-Build" Programm, also Aufklärung, Nehmen und Halten des Raumes, Gewährleistung der Sicherheit und ziviler Aufbau sollen den

Norden des Landes mit Hilfe von regionalen Wiederaufbauteams stabilisieren und zur Selbständigkeit führen.[25] [26] [27]

Weitere laufende Einsätze sind u. a. UNMIS in Südsudan und UNIFIL im Libanon sowie die European Union Naval Force (EU NAVFOR) Somalia – Operation ATALANTA, die im nächsten Abschnitt näher erläutert wird.[28] [29] [30] [31] [32]

4. Operation ATALANTA

4.1. Politischer und rechtlicher Hintergrund

Deutschland als eine der größten Volkswirtschaften und als überdurchschnittlich exportorientiertes Land ist stark abhängig von der Handelsschifffahrt. 95% der Ferngütertransporte erfolgen weltweit über den Seeweg. Als Industrienation hat Deutschland ein großes Interesse an sicheren Handelswegen, was u. a. aus seiner hohen Abhängigkeit von Energierohstoffimporten resultiert.[33] [34] [35] Sichere Seewege sind ein Garant für Rohstoffversorgung, Warenaustausch und internationale Wettbewerbs- und Handelsfähigkeit. Eine Störung oder Unterbrechung der Seewege durch Terrorismus, Piraterie oder Blockade hätte vor allem eine Rohstoff- und Warenverknappung mit den entsprechenden finanziellen und wirtschaftlichen Auswirkungen zur Folge.

Zur Landesverteidigung zählt im Wandel sicherheitspolitischer Bedingungen und im Rahmen der Globalisierung auch die Verteidigung der Handelswege, um weiterhin die Handelsfähigkeit und damit Arbeitsplätze und den Wohlstand des Landes zu garantieren. Infolge zunehmender Bedrohungen der maritimen Handelswege durch terroristische Anschläge und moderne Piraterie, welche aus „failing states" oder „failed states" wie z. B. dem humanitären Krisengebiet Somalia entstehen, waren eine sichere Seefahrt und damit ein gesicherter Warentransport nicht mehr gewährleistet. Besonders Somalia bietet für kriminelle und terroristische Organisationen ideale Operationsbasen für Übergriffe. In den chaotischen Verhältnissen des durch Bürgerkrieg zerrütteten Landes hat sich die Piraterie vor allem in den letzten Jahren als lukrative Einnahmequelle bewährt, kriminelle Strukturen konnten sich entwickeln. Besonders bedroht ist der Raum vor der Küste Somalias am Horn von Afrika im Golf von Aden - die Seeverbindung zwischen Europa, Asien und der arabischen Halbinsel - und gerade deshalb von großer Bedeutung für den Gütertransport. Insgesamt wurden im Jahr 2010 weltweit 445 Übergriffe durch Piraten registriert, davon 219 durch somalische[36] [37]. Lösegelderpressungen in Millionenhöhe, die Gefährdung von Mensch und Material, steigende Transportkosten, die Gefährdung der vom Welternährungsprogramm der UN begleiteten Lebensmittelversorgung sowie die unmittelbar negative

Auswirkung auf vom Seehandel abhängige Anrainerstaaten fordern das Handeln zur Bekämpfung der Piraterie.

Allgemein definiert die International Maritime Organization (IMO) Piraterie als „das Betreten eines Schiffes in der Absicht, Diebstahl oder ein anderes Verbrechen zu begehen, wobei die Absicht oder Fähigkeit besteht, zur Durchsetzung dieser Handlung Gewalt anzuwenden.[38] Jede Form zur Bekämpfung einer solchen Gewalttat, Freiheitsberaubung oder Plünderung ist im Völkerrecht, im Seerechtsübereinkommen SRÜ (United Nations Convention on the Law of the Sea) von 1982 und im SUA (Convention for the Suppression of Unlawful Acts Against the Safety of Maritime Navigation) von 1988 zur Bekämpfung widerrechtlicher Handlungen gegen die Sicherheit der Seeschifffahrt verankert.[39] Deshalb sind alle Staaten nach Art. 105 des UN-SRÜ von 1982 berechtigt, ein durch Piraterie erbeutetes oder in der Gewalt von Piraten stehendes Schiff aufzubringen, die Personen festzunehmen und sämtliche sich an Bord befindenden Vermögenswerte zu beschlagnahmen.[40]

Als das Welternährungsprogramm und andere Hilfsorganisationen ihre humanitäre Hilfe infolge der zunehmenden Piraterie und der daraus folgenden Bedrohung der Hilfslieferungen über den Seeweg stark einschränken und teilweise einstellen mussten, wurde im Februar 2008 der Sicherheitsrat der UN von der somalischen Übergangsregierung um Hilfe im Kampf gegen die Piraterie gebeten, um eine humanitäre Katastrophe zu verhindern. Am 02.12.2008 ermächtigte dieser mit der Resolution 1846 (2008) für 12 Monate zum Kampf gegen die Piraterie in somalischen Hoheitsgewässern. Schon im September 2008 richtete die EU auf Grundlage der verabschiedeten Resolution 1816 des UN-Sicherheitsrates vom 02.06.2008 die European Union Naval Coordination Cell (EU NAVCO) ein und beschloss am 10.11.2008, dass zum 08.12.2008 die NATO Operation „Allied Provider" von der EU NAVFOR Operation ATALANTA mit der Entsendung von Kriegsschiffen und Soldaten als multinationaler Flottenverband abgelöst wird. Die Resolution 1816 ermöglicht die Bekämpfung von Piraterie innerhalb der Territorialgewässer im Bereich der 12-Meilen-Zone vor der somalischen Küste und die Ergreifung von Maßnahmen an Land durch die Resolution 1851.[41] [42] [43] [44] [45]

Die Beteiligung der Bundeswehr an der Operation ATALANTA wurde am 10.12.2008 durch das Bundeskabinett beschlossen, die Zustimmung des Bundestages erfolgte am 19.12.2008. Die Dauer des Einsatzes war zunächst auf 12 Monate mit einer Beteiligung von bis zu 1.400 Soldatinnen und Soldaten begrenzt. Das Operationsgebiet beschränkte sich auf 500 Seemeilen vor Somalia und seiner Nachbarländer. Das Operationsgebiet wurde am 18.06.2009 um die Seychellen, am 30.06.2010 auf die Meeresgebiete im Raum des Indischen Ozeans vor der Küste Somalias und seiner Nachbarländer ausgeweitet.[46] Am 17.12.2009, 02.12.2010 und 01.12.2011 wurde durch Zustimmung des Bundestages das Mandat um jeweils ein Jahr verlängert und ist momentan bis zum 18.12.2012 befristet.[47] Handlungsgrundlagen für die Bundeswehr bilden das SRÜ der UN von 1982, die Resolutionen 1814 (2008), 1816 (2008), 1838 (2008), 1846 (2008), sowie sämtliche nachfolgenden Resolutionen des Sicherheitsrates der UN in Verbindung mit der Gemeinsamen Aktion 2008/851/GASP des EU-Rates vom 10.11.2008 und Art. 24 Abs. 2 GG im System gegenseitiger kollektiver Sicherheit.[48][49] Am 27.02.2012 wurde der EU-Einsatz bis Ende 2014 verlängert. Die EU und Deutschland prüfen indes die Ausweitung der Piratenbekämpfung auf den Strand, um dort gegen die Infrastruktur und Logistik der Operationsbasen der Piraten vorzugehen.[50][51][52][53] Die im Mittelmeer stattfindende NATO-Operation Active Endeavour, an der sich auch die Bundeswehr aktiv beteiligt, soll die Operation ATALANTA ergänzen. Ziel dieser Operation ist die Präsenz im Mittelmeer zur Abschreckung und Bekämpfung von Terrorismus.[54][55]

4.2. Ziele und Verlauf des Einsatzes

Wie bereits erwähnt gilt es, die Sicherheit der Handelsschifffahrt durch Absicherung der Handelswege zu gewährleisten, Hilfslieferungen des World Food Program (WFP) und zivile Handelsschiffe zu beschützen, Piraterie zu bekämpfen oder abzuwehren und das Völkerrecht durchzusetzen. Durch Einrichtung und Überwachung des International Recommended Transit Corridor (IRTC - International empfohlener Transitkorridor) können Schiffe kontrolliert passieren und im gegebenen Fall vor Piratenübergriffen geschützt werden. Weiterhin werden die Gebiete vor der Küste und das somalische Hoheitsgewässer überwacht. Durch die Ausdehnung der Operation auf Küstennähe auf Grundlage der Resolution 1816 (2008) sollen vor der Küste operierende Piraten zum einen abgeschreckt und zum anderen auch aktiv bekämpft werden. Aufgegriffene Personen werden überstellt und strafrechtlich von den Mitgliedstaaten oder strafverfolgungsbereiten Drittstaaten verfolgt und die Ausrüstung beschlagnahmt.[56][57]

In der Regel beteiligt sich Deutschland mit einer Fregatte sowie einem Boarding Sicherungsteam (BST) und einem Vessel Protection Detachement (VPD), einem Team von Marineinfanteristen zum Schutz von Handelsschiffen, falls dies mit der jeweiligen Reederei vorher abgestimmt wurde. Zum Einsatz kommen auch ein Einsatzgruppenversorger und zuletzt Kampfschwimmer, welche die Piraterie vor der Küste aktiv bekämpfen können.

Die Fregatte Karlsruhe war das erste eingesetzte Schiff der deutschen Marine, die später von verschiedenen anderen Fregatten - wie der Rheinland-Pfalz – abgelöst wurde. Aktuell beteiligt sich die Bundeswehr mit dem Einsatzgruppenversorger Berlin. Zeitweise kamen gleichzeitig auch drei Fregatten sowie Versorgungsschiffe und seit Februar 2011 Seefernaufklärer zum Einsatz. Deutschland beteiligte sich auch am Kommando der Operation mit der Entsendung eines Deputy Operation Commander im ATALANTA-Hauptquartier in Northwood, England.[58][59]

Als ein positives Ergebnis der Operation ist festzuhalten, dass es im Jahr 2011 am Horn von Afrika deutlich weniger Kaperungen als in den Jahren zuvor gegeben hat. Problematisch ist jedoch die Tatsache, dass die Höhe der Lösegelder zugenommen hat. Daraus ergibt sich die Aufgabe, neben dem militärischen Einsatz auch politische und juristische Mittel zur Verfolgung des Geldflusses und der Hintermänner der Piraten zu nutzen.[60][61]

5. Die Bundeswehrreform als notwendige Maßnahme zur Anpassung an die sich ändernden sicherheitspolitischen Bedingungen

Wie in den Verteidigungspolitischen Richtlinien festgeschrieben, müssen die Streitkräfte effizient auf neue Bedingungen und Vorgaben reagieren, um sich mobil und flexibel den Einsätzen und Verantwortungen im Bündnis anpassen zu können. Von der Abwehr kollektiver Bedrohungen bis zur Bekämpfung von Terrorismus, Geiselbefreiungen, Konfliktverhütung und humanitärer Unterstützung ist es erforderlich, die Auslegung der Bundeswehr kompakter und einsatzorientierter zu machen. Einen festen Sollzustand wie zu Zeiten des Kalten Krieges gibt nicht mehr, stattdessen bedarf es eines breiten Fähigkeitsspektrums mit der dazugehörigen Professionalität.

Um die Einsatzbereitschaft für multinationale Einsätze zu gewährleisten, sind vor allem ein Ausbau von Marine und Luftwaffe zu höherer Mobilität sowie die Verstärkung des Sanitätsbereiches zur höheren Überlebensfähigkeit vorgesehen.

Ausgehend von der Notwendigkeit hochprofessioneller Streitkräfte wurde folgerichtig zum 01.07.2011 die Wehrpflicht ausgesetzt und damit die Transformation zur Freiwilligenarmee eingeleitet. Der Gesamtumfang der Streitkräfte wird von momentan rund 204.000 Soldaten (Februar 2012) auf 185.000 Soldaten reduziert werden.

Am 26.10.2011 gab Verteidigungsminister Thomas de Maiziere das Stationierungskonzept bekannt, was die Schließung und die Zusammenlegung von Standorten beinhaltet. Die Zahl der Standorte wird sich hierdurch von 394 auf 264 verringern.[62] Dadurch sollen die Strukturen rationalisiert und für zukünftige Einsätze gestrafft werden.[63][64][65][66][67][68]

6. Fazit und Ausblick

Kompakter, moderner, leistungsfähiger und einsatzbereiter soll die Bundeswehr werden, denn gemäß den Verteidigungspolitischen Richtlinien und den politischen Interessen im Zusammenspiel von EU und NATO werden Einsätze in Zukunft häufiger stattfinden. War die Bundeswehr 35 Jahre lang als reine Verteidigungsarmee konzipiert, erfolgt seit 1990 die zunehmende Wandlung zur Einsatzarmee. Zuerst nur für humanitäre Hilfe eingesetzt, musste sich die deutsche Politik die Frage stellen, inwieweit sie sich auch an militärischen Konflikten beteiligen kann oder im Rahmen der Bündnisse sogar muss. War die politische und moralische Verpflichtung zum militärische Eingreifen im Kosovo eindeutig, um ein Debakel auf dem europäischen Kontinent zu verhindern, ist die Rolle der ISAF in Afghanistan, besonders die Rolle der Bundeswehr, in Deutschland stark umstritten und öffentlich kaum akzeptiert.

Quo vadis Bundeswehr? Nach mittlerweile 10 Jahren Einsatz in Afghanistan, der in Deutschland erst seit 2009 als „kriegsähnlicher Zustand" und später als „Krieg" bezeichnet wurde[69], verloren 52 deutsche Soldaten ihr Leben. Immer öfter stellt sich die Öffentlichkeit die Frage nach dem Sinn des Einsatzes. Die Politik drängt auf den Abzug der Truppen Ende 2014. Die Erfolge werden überschattet von Kill-Teams, Koranverbrennungen, Leichenschändungen oder dem Bombardement von zwei Tanklastern auf Befehl des deutschen Oberst Klein im September 2009, bei dem über 140 afghanische Zivilisten umkamen. Nahezu unerwähnt bleiben jedoch die kleinen Erfolge, die am Hindukusch erbracht worden sind. Allzu oft hat der Bundesbürger einen verfälschten Blick auf das gesamte Geschehen und dementsprechend ist eine negative Haltung innerhalb der Bevölkerung gegenüber dem Afghanistankrieg zu verzeichnen.

Der Krieg in Afghanistan wird sicherlich nicht als Erfolg in die Geschichtsbücher eingehen, eher als ein Experiment des Westens. Auch Deutschland wird und muss seine Lehren daraus ziehen, dass Stabilisierungseinsätze wie auf dem Balkan oder in Afghanistan in diesem Umfang weder strukturell noch finanziell die Regel sein können. Zukünftige Einsätze müssen zudem deutlich besser vorbereitet werden.

Wohin sich die Sicherheitspolitik und auch die Bundeswehr bewegen, lässt sich zwar nicht eindeutig vorhersagen, doch anhand des laufenden Einsatzes ATALANTA und anhand politischer Vorgaben erkennen und begründen. Während die Bedrohung durch konventionelle Kriege zwischen Staaten wie zu Zeiten des Kalten Krieges weiter schrumpft, wächst Deutschlands Verantwortung als Ergebnis von Globalisierung und sich ändernder (sicherheitspolitischer) Umfelder. Definitiv wird die Zahl der Einsätze, vor allem im Rahmen der Bündnisverantwortung, nicht abnehmen. Zu Bundeswehreinsätzen äußerte sich der ehemalige Bundespräsident Horst Köhler am 22.05.2010: „In meiner Einschätzung sind wir insgesamt auf dem Wege, in der Breite der Gesellschaft zu verstehen, dass ein Land unserer Größe, mit dieser Außenhandelsabhängigkeit, auch wissen muss, dass im Zweifel, im Notfall auch militärischer Einsatz notwendig ist, um unsere Interessen zu wahren - zum Beispiel freie Handelswege, zum Beispiel ganze regionale Instabilitäten zu verhindern, die mit Sicherheit dann auch negativ auf unsere Chancen zurückschlagen, bei uns durch Handel Arbeitsplätze und Einkommen zu sichern."[70]

Die Arten der Einsätze und dementsprechend die Methodik zur Umsetzung werden sich ändern. Hierfür muss die Bundeswehr ihre Rolle und die Politik ihre Identität und ihren Willen neu definieren und den Vorgaben stetig und vor allem zukunftsorientiert anpassen. Dies bedarf einer klareren Zielformulierung der Politik auch in Zusammenarbeit mit den Bündnispartnern. Durch den finanziell eng bemessenen Rahmen in Zeiten von Euro- und Wirtschaftskrise muss die Bundeswehr straffer und leistungsfähiger werden und ein breiteres Fähigkeitsspektrum aufweisen, um besser auf zukünftige, vor allem kurzfristig entstehende Bedrohungen reagieren zu können. Dazu zählen der Einsatz von mobileren und spezialisierten Streitkräften sowie eine umfassende Nachrichtengewinnung und strategische Aufklärung. Im Vordergrund aber sollte die solide Krisenvor- und -nachsorge in Kooperation mit Bündnispartnern und unter Einbindung von Regierungs- (GO) und Nichtregierungsorganisationen (NGO) stehen. Durch die Transformation zur freiwilligen Berufsarmee in Verbindung mit der Aussetzung der Wehrpflicht, Truppenreduzierungen und Standortschließungen werden einerseits Finanzen geschont, andererseits die Truppe auch optimaler auf zukünftige Einsätze und deren Bedingungen vorbereitet.

Bodentruppen zum Kampf oder zur Stabilisierung werden zwar nicht entbehrlich sein, doch wird deren Einsatz nicht wie in Afghanistan zur Regel werden. Vielmehr werden Marine und Luftwaffe im möglichen Zusammenspiel mit den Krisenreaktionskräften die Einsätze bestimmen, wie es auch aus der Bundeswehrreform und aus einem Gespräch mit Vizeadmiral a. D. Lutz Feldt[71] hervorgeht. Damit ändern sich auch die einzusetzenden Mittel. Panzer, Schützenpanzer und Haubitzen, die im Kalten Krieg noch stützende Achse der Streitkräfte waren, werden in ihrer Zahl deutlich reduziert. Durch eine Spezialisierung der Truppengattungen wird die Zusammenarbeit von Heer, Luftwaffe und Marine verbessert. Die schon erwähnte Rolle sogenannter GOs und NGOs wird als politische Lösung eine höhere Bedeutung erlangen.

Weiterhin spielt die Vorbereitung auf die Einsätze eine fundamentale Rolle. Einerseits bedarf es eines grundlegenden Umdenkens, denn die Formen der asymmetrischen Bedrohungen lassen sich kaum vorhersagen. Anderseits muss sowohl die Truppe als auch die Öffentlichkeit gezielt auf den Einsatz vorbereitet und über Inhalte und Formen informiert werden.

Afghanistan zeigt, dass die Öffentlichkeitsarbeit und Aufklärung sowie der politische Umgang mit Krieg und Soldaten unzureichend war. Es fehlt die Anerkennung des Berufs des Soldaten und die Anerkennung der Leistungen im Einsatz. Es fehlt der Bevölkerung auch über 65 Jahre nach Ende des 2. Weltkriegs ein objektives Verhältnis zum Soldaten und zur Armee. Noch immer existiert die Einstellung, die Tucholsky einst äußerte: „Soldaten sind Mörder!"[72] Reaktionen erfolgen symptomatisch auf Negativmeldungen und aufgrund der fehlenden Unterstützung für den Einsatz sowie als Folge mangelnder Aufklärung. Im Verlauf eines Gesprächs mit Vizeadmiral a. D. Lutz Feldt äußerte dieser, dass die mediale Arbeit der Bundeswehr in Printmedien, öffentlichen Auftritten und Internetportalen verbessert werden muss, um Verständnis bei der Bevölkerung zu erreichen. Hier muss vor allem die Politik eine entscheidende Rolle spielen. Militärische Einsätze dürfen nicht zum Mittel im Kampf um Wählerstimmen werden, sondern müssen realitätsnah erläutert werden. Weiter muss ein stärkerer politischer und gesellschaftlicher Konsens mit der Bundeswehr über den jeweiligen Einsatz stattfinden, um auch die Befugnisse und Methoden den sich stetig ändernden Gegebenheiten anzupassen. Ohne den nötigen Rückhalt, sowohl gesellschaftlich als auch politisch, wird Deutschland in Zukunft nicht mehr den qualitativ notwendigen Umfang an Einsatzkräften halten und damit seine sicherheitspolitischen Aufgaben erfüllen können.

# 7. Literaturverzeichnis

1 Vgl. Wikipedia: „Geschichte der Bundeswehr" (o. J.).
http://de.wikipedia.org/wiki/Geschichte_der_Bundeswehr (Abgerufen am 12.01.2012).

2 Vgl. Bundeswehr: „Die Geschichte der Bundeswehr, Teil 1: Anfänge und Kalter Krieg" (Stand 23.01.2012). http://www.bundeswehr.de/portal/a/bwde/!ut/p/c4/DcgxDoAgDADAt_iBdnfzF-pWoJQGUg1U_b7ktsMTJ6NXhVwvo4Y7HlHX8EH4EsPwzuq1E2dnkP5YaiRsIDxi0VjmkmV iE8a7bssPcobChA!!/ (Abgerufen am 25.01.2012).

3 Vgl. Wikipedia: „Geschichte der Bundeswehr" (o. J.).
http://de.wikipedia.org/wiki/Geschichte_der_Bundeswehr (Abgerufen am 25.01.2012).

4 Vgl. Wikipedia: „Geschichte der Bundeswehr" (o. J.).
http://de.wikipedia.org/wiki/Geschichte_der_Bundeswehr (Abgerufen am 08.01.2012).

5 Vgl. Wikipedia: „Bundeswehr" (o. J.). http://de.wikipedia.org/wiki/Bundeswehr (Abgerufen am 03.01.2012).

6 Vgl. Wikipedia: „Warschauer Pakt" (o. J.). http://de.wikipedia.org/wiki/Warschauer_Pakt (Abgerufen am 11.01.2012)

7 Vgl. Von Bredow, Wilfried: „Neue Herausforderungen", in: Information zur Politischen Bildung, Sicherheitspolitik im 21. Jahrhundert (2006), S. 4-10.

8 Bundesministerium der Verteidigung: „Verteidigungspolitischen Richtlinien 1992". Bonn: 26.11.1992.

9 Vgl. Bundesministerium der Verteidigung: „Verteidigungspolitische Richtlinien 2011". Berlin: 27.05.2011, 2. Punkt.

10 Vgl. Bundesministerium der Verteidigung: „Verteidigungspolitische Richtlinien 1992". Bonn: 26.11.1992, 37./38. Punkt.

11 Bundesministerium der Verteidigung: „Weißbuch 2006". Berlin: 24.10.2006.

12 Vgl. Bundeswehr: „Die Geschichte der Bundeswehr, Teil 3: Streitkräfte im Umbruch" (Stand 23.01.2012).
http://www.bundeswehr.de/portal/a/bwde/!ut/p/c4/DcixEYAgDADAWVyA9HZuoXYhRMiB0Y Mg68t993DCpPhJRJNHscAOB8nqh_MjsGtWWSxX5MvYxdo1FlysLnKjJJTm9tvXTgnevC0 _m-5KJg!!/ (Abgerufen am 04.02.2012).

13 Bundesministerium der Verteidigung: „Verteidigungspolitische Richtlinien 2003". Berlin: 21.05.2003, 1. Punkt.

14.Vgl. Bundesministerium der Verteidigung: „Verteidigungspolitische Richtlinien 2003". Berlin: 21.05.2003, 1. Punkt.

15 Bundesministerium der Verteidigung: „Verteidigungspolitische Richtlinien 2003". Berlin: 21.05.2003.

16 Vgl. Sozialwissenschaftliches Institut der Bundeswehr: „Jahresbericht 2011". Strausberg: Januar 2012.

17 Vgl. Wikipedia: „Bundeswehr" (o. J.). http://de.wikipedia.org/wiki/Bundeswehr (Abgerufen am 10.02.2012).

18 Vgl. Wikipedia: „Auslandseinsätze der Bundeswehr" (o. J.).
http://de.wikipedia.org/wiki/Auslandseins%C3%A4tze_der_Bundeswehr (Abgerufen am 13.02.2012)

19 Vgl. Bundesministerium der Verteidigung: „Ein geschichtsträchtiges Urteil" (Stand 11.04.2011). http://www.bmvg.de/portal/a/bmvg/!ut/p/c4/NY3BCoMwDIbfqNWDOymjMEYbMepl1JtrGG1ITQqyB5-IbEEvv8n3yGylWm9XtFqxuC1k7Vsejx3mim1YqI_Qg0AnKcg0PGtwD0UfOuhgVIGfBqIISUPwG8Q7qS6hZvIG4wkrCUutMWvHwd_wy IPnjggwyeMdGS5kBiDsTuMAtRMgKNbLL8UmV59p_8c2rrsroXp-L2uD7IPE3lF8b9V68!/ (Abgerufen am 04.01.2012).

20 Vgl. Bundesministerium der Verteidigung: „Einsatz im Auftrag des Parlamentes" (25.03.2011).
http://www.bmvg.de/portal/a/bmvg/!ut/p/c4/NY3BCoMwDIbfqK07DLabMga7bMepl1JtVsNq K2IUkD38KmMJfP9PvkNkK_MGs6AzjDEYL2vZ9HjuVtGNixMJ-wFoAOQ0RY-MbwEYkuFNv2YgbSHoFyHk_AngDfKVdDcHC2mFgYSj3L1xEORz_2dB9DEA72QIjJmOD EcSUyT2u5mJshFoZaOKS6UK9Z_ic2zrsqpO6nC7Xx9yGsfyC5VroSc!/ (Abgerufen am 04.01.2012).

21 Vgl. Wikipedia: „Auslandseinsätze der Bundeswehr" (o. J.).
http://de.wikipedia.org/wiki/Auslandseins%C3%A4tze_der_Bundeswehr (Abgerufen am 15.02.2012).

22 Vgl. Bundesministerium der Verteidigung. „Die NATO – Stabilitätsanker für Deutschlands Sicherheit". (Stand 06.03.2012).
http://www.bmvg.de/portal/a/bmvg/!ut/p/c4/LYrBCoAgEAW_pR9w7936i-oSqyz60FZRsd9PluY0zNBJE-UBzx1ZOdFOh8NqH2Pv4U2DC1KDoLeSEzqigXap-u9y5epZ0T4XNTNkKnFbXuNyWgU!/ (Abgerufen am 28.02.2012)

23 Vgl. Bundeswehr: „Einsatzzahlen – Die Stärke der deutschen Einsatzkontingente". (Stand 15.03.2012).
http://www.bundeswehr.de/portal/a/bwde/!ut/p/c4/04_SB8K8xLLM9MSSzPy8xBz9CP3I5Eyr pHK9pPKUVL3UzLzixNSSKiirpKoqMSMnNU-_INtREQD2RLYK/ (Abgerufen am 18.03.2012).

24 Vgl. Wikipedia: „International Security Assistance Force" (o. J.).
http://de.wikipedia.org/wiki/International_Security_Assistance_Force (Abgerufen am 18.03.2012).

25 Vgl. Bundesministerium für Verteidigung: „Unsere Bundeswehr in Afghanistan". Berlin: 2009

26 Vgl. Bundeswehr: „Schutz und Ausbildung: Schwerpunkte in Afghanistan". (Stand 24.01.2012).
http://www.bundeswehr.de/portal/a/bwde/!ut/p/c4/DcrBDYAgEDERWVygvXtzC_VWoGIjVk OLJk4v-
aeX-
fFyxp_RIJpdLqeCMS5QxvBDexMCiRuwfwylm_WAFMdogcXOLO9fA4pUydDT_mqYgJTXN eB_T8APxTd3l/ (Abgerufen am 02.03.2012).

27 Vgl. Die Bundesregierung: „Fortschrittsbericht Afghanistan". (Stand 13.12.2010).
http://www.bundesregierung.de/nn_1264/Content/DE/Artikel/2010/12/2010-12-13-fortschrittsbericht-afghanistan.html (Abgerufen am 20.02.2012).

28 Vgl. Wikipedia: „Auslandseinsätze der Bundeswehr" (o. J.).
http://de.wikipedia.org/wiki/Auslandseins%C3%A4tze_der_Bundeswehr (Abgerufen am 13.02.2012)

29 Vgl. Bundeswehr im Einsatz: „Abgeschlossene Einsätze" (Stand 29.03.2011).
http://www.einsatz.bundeswehr.de/portal/a/einsatzbw/!ut/p/c4/04_SB8K8xLLM9MSSzPy8x Bz9CP3I5EyrpHK9pPKU1PjUzLzixJIqIDcxKT21ODkjJ7-4ODUPKpFaUpWqX5DtqAgAImw5tA!!/ (Abgerufen am 01.03.2012).

30 Vgl. Bundeswehr im Einsatz: „Aktuelle Einsätze der Bundeswehr weltweit". (Stand 08.03.2012).
http://www.einsatz.bundeswehr.de/portal/a/einsatzbw/!ut/p/c4/04_SB8K8xLLM9MSSzPy8x Bz9CP3I5EyrpHK9pPKU1PjUzLzixJIqIDcxu6Q0NScHKpRaUpWqX5DtqAgASPKsIg!!/ (Abgerufen am 01.03.2012).

31 Vgl. Deutscher Bundestag: „Auslandseinsätze der Bundeswehr". (o. J.).
http://www.bundestag.de/bundestag/ausschuesse17/a12/auslandseinsaetze/auslandseinsa etze/index.html (Abgerufen am 01.03.2012).

32 Vgl. Wikipedia: „Bundeswehr" (o. J.). http://de.wikipedia.org/wiki/Bundeswehr (Abgerufen am 01.03.2012).

33 Vgl. Deutsches Maritimes Institut: „Maritime Abhängigkeit". (2010). http://deutsches-maritimes-institut.de/download/beitraege-2011/maritime-abhaengigkeit.php (Abgerufen am 26.02.2012).

34 Vgl. Marine, Flottenkommando: „Kennzahlen zur maritimen Abhängigkeit der Bundesrepublik Deutschland". (2011).

35 Vgl. Bundeswehr: „Deutschlands maritime Abhängigkeit". (Stand 18.01.2012).
http://www.bundeswehr.de/portal/a/bwde/!ut/p/c4/HcpBDoAgDAXRs3gBunfnLdSN-WjBBkFTq1xfYmb1kqGZWgWvRJicBQeNNK3S--p83djdpiyWFByMXYZKYYcnmCL-NMm8wO_gEiWmNtOVhu4DitQUrQ!!/ (Abgerufen am 28.02.2012).

36 Vgl. Marine, Flottenkommando: „Jahresbericht 2011. Fakten und Zahlen zur maritimen Abhängigkeit der Bundesrepublik Deutschland". (2011). Abb. S. 225.

37 Vgl. Bundeswehr: „Piraterie nimmt weltweit stetig zu". (Stand 14.11.2011).
http://www.bundeswehr.de/portal/a/bwde/!ut/p/c4/PcpBDkBAEETRs7hA997OLbCRRkUqRh PTMYnTEwv5u5-nvb65XVwsuLsIbbWbWI9FxjJDQM-GuCEbc34FXMyDB08LnMQH4pZ_DAUpChh6rE31AM3gqRw!/ (Abgerufen am 14.03.2012).

38 Vgl. Marine, Flottenkommando: „Jahresbericht 2011. Fakten und Zahlen zur maritimen Abhängigkeit der Bundesrepublik Deutschland". (2011). S. 214.

39 Vgl. Marine, Flottenkommando: „Jahresbericht 2011. Fakten und Zahlen zur maritimen Abhängigkeit der Bundesrepublik Deutschland". (2011). S. 220.

40 Vgl. Deutscher Bundestag: „Drucksache 16/11337. Antrag der Bundesregierung". (10.12.2008).

41 Vgl. Marine: „Rechtliche Ausgangslage" (Stand 07.04.2011).
http://www.marine.de/portal/a/marine/!ut/p/c4/NYu7DsIwDEX_yE4ZqMLGQyAGYISyua1VR eRR-

GQckxMeTDNwjneXo4h0LkV5uInUpkscbdoNb9W8IJEAPzew9A7v4JP0wkJKnqASZexa81 v_IMKTIWq0c1RVPQpoE5iTqa8kipYAbsTPNbmNa81_zbU92uzxYuzie9xecQ1j_AGppam8! / (Abgerufen am 03.03.2012).

42 Vgl. Marine, Flottenkommando: „Jahresbericht 2011. Fakten und Zahlen zur maritimen Abhängigkeit der Bundesrepublik Deutschland". (2011). S. 217-220.

43 Vgl. Wikipedia: „Operation Atalanta". (o. J.). http://de.wikipedia.org/wiki/Operation_Atalanta (Abgerufen am 03.01.2012).

44 Vgl. AG Friedensforschung: „Operation Atalanta". (o. J.). http://www.ag-friedensforschung.de/themen/Piraten/bundesregierung.html (Abgerufen am 05.03.2012).

45 Marine: „Historischer Hintergrund". (Stand 07.04.2011). http://www.marine.de/portal/a/marine/!ut/p/c4/NYu7CsJAEEX_aGYjaNAuKoKFWonGbpIMYck-wjirIH68u4X3wGkOFx-YCfSyI6mNgRzese3tpnuDJwGaNLFzDGzDk_TDQEqOghIk7ljwVv4DQx8Da7FyUJs9CmkU mKOoKyWJ5AJ2wNZU-62pzX_Vtz7tmut6tVwcz4cLzt43P74GGSQ!/ (Abgerufen am 28.03.2012).

46 Vgl. Auswärtiges Amt: „Atalanta: Erfolgreicher Einsatz gegen Piraten vor Somalia". (Stand 27.12.2010). http://www.auswaertiges-amt.de/sid_5800389C436B5F6930C3826234CD1916/DE/Europa/Aussenpolitik/GSVP/ATA LANTA-Uebersicht_node.html (Abgerufen am 30.03.2012).

47 Vgl. Auswärtiges Amt: „Atalanta: Erfolgreicher Einsatz gegen Piraten vor Somalia". (Stand 27.12.2010). http://www.auswaertiges-amt.de/sid_5800389C436B5F6930C3826234CD1916/DE/Europa/Aussenpolitik/GSVP/ATA LANTA-Uebersicht_node.html (Abgerufen am 30.03.2012).

48 Vgl. Marine, Flottenkommando: „Jahresbericht 2011. Fakten und Zahlen zur maritimen Abhängigkeit der Bundesrepublik Deutschland". (2011). S. 220

49 Vgl. Deutscher Bundestag: „Drucksache 17/7996. Beschlussempfehlung und Bericht des Auswärtigen Ausschusses (3.Ausschuss)". (30.11.2011).

50 Vgl. Spiegel Online: „Ausweitung der Mission "Atalanta". EU will Piraten auch am Strand beschießen". (Stand 22.03.2012). http://www.spiegel.de/politik/ausland/0,1518,823192,00.html (Abgerufen am 01.04.2012).

51 Vgl. Focus Online: „Atalanta-Einsatz. EU verlängert Anti-Piraten-Einsatz vor der Küste Somalias". (Stand 27.02.2012). http://www.focus.de/politik/weitere-meldungen/atalanta-einsatz-eu-verlaengert-anti-piraten-einsatz-vor-der-kueste-somalias_aid_718266.html (Abgerufen am 01.04.2012).

52 Vgl. Bundeswehr: „Die Operation ATALANTA". (Stand 14.03.2012). http://www.einsatz.bundeswehr.de/portal/a/einsatzbw/!ut/p/c4/04_SB8K8xLLM9MSSzPy8x Bz9CP3I5EyrpHK9pPKU1PjUzLzixJIqIDcxu6Q0NScHKpRaUpWqV5yfm5iTmaiXmZeWHw _I6BdkOyoCAKLz-AE!/ (Abgerufen am 30.03.2012).

53 Vgl. Bundeswehr: „Antworten auf häufig gestellte Fragen zum Einsatz der Bundeswehr im Rahmen der Operation Atalanta". (Stand 15.03.2012). http://www.einsatz.bundeswehr.de/portal/a/einsatzbw/!ut/p/c4/04_SB8K8xLLM9MSSzPy8x Bz9CP3I5EyrpHK9pPKU1PjUzLzixJIqIDcxu6Q0NScHKpRaUpWqV5yfm5iTmaiXllioX5DtqA gA6iazvQ!!/ (Abgerufen am 30.03.2012).

54 Vgl. Auswärtiges Amt: „Bundestag berät über Bundeswehr-Mandate". (Stand 24.11.2011). http://www.auswaertiges-amt.de/DE/Aussenpolitik/Friedenspolitik/BW-Einsaetze/111116_Verlaengerung_Atalanta.html (Abgerufen am 30.03.2012).

55 Tagesschau: „Piraterie am Horn von Afrika. Die Korsaren aus einem zerfallenen Staat." (Stand 10.05.2009). http://www.tagesschau.de/ausland/piraten348.html (Abgerufen am 14.02.2012).

56 Vgl. Marine, Flottenkommando: „Jahresbericht 2011. Fakten und Zahlen zur maritimen Abhängigkeit der Bundesrepublik Deutschland". (2011). S. 219-223.

57 Vgl. Bundeswehr: „Chronologie des Einsatzes der Seestreitkräfte im Rahmen der Operation ATALANTA". (Stand 18.02.2012).
http://www.einsatz.bundeswehr.de/portal/a/einsatzbw/!ut/p/c4/04_SB8K8xLLM9MSSzPy8x Bz9CP3I5EyrpHK9pPKU1PjUzLzixJIqIDcxu6Q0NScHKpRaUpWqV5yfm5iTmaiXnFGUn5cf D-XqF2Q7KgIA8RL9eg!!/ (Abgerufen am 31.03.2012).

58 Vgl. Wikipedia: „Operation Atalanta". (o. J.). http://de.wikipedia.org/wiki/Operation_Atalanta (Abgerufen am 22.02.2012).

59 Vgl. Bundeswehr: „Chronologie des Einsatzes der Seestreitkräfte im Rahmen der Operation ATALANTA". (Stand 18.02.2012).
http://www.einsatz.bundeswehr.de/portal/a/einsatzbw/!ut/p/c4/04_SB8K8xLLM9MSSzPy8x Bz9CP3I5EyrpHK9pPKU1PjUzLzixJIqIDcxu6Q0NScHKpRaUpWqV5yfm5iTmaiXnFGUn5cf D-XqF2Q7KgIA8RL9eg!!/ (Abgerufen am 31.03.2012).

60 Vgl. Bundesministerium der Verteidigung: „Atalanta: Wirkung des Militärischen begrenzt". (Stand 23.01.2012).
http://www.bmvg.de/portal/a/bmvg/!ut/p/c4/NYuxDsIwDET_yE4kJAobVRZGYICypW0UGTV xZZyy8PEkA3fSG-7p8Im12W8UvRJnv-ADh4mO4wfGtEV4cZG6QqJMbw1CJeG9feYAE-egjRqyUmUUryywsujSTBGpBmjGwVjXG2v-sd_ucnP7Q2d27txfcU3p9APCj29G/ (Abgerufen am 30.03.2012).

61 Vgl. Wikipedia: „Piraterie vor der Küste Somalias". (o. J.).
http://de.wikipedia.org/wiki/Piraterie_vor_der_K%C3%BCste_Somalias (Abgerufen am 01.04.2012).

62 Vgl. Süddeutsche: „Verteidigungsminister stellt Reformpläne vor. Bundeswehr schließt 31 Standorte". (Stand 26.10.2011). http://www.sueddeutsche.de/politik/verteidigungsminister-stellt-reformplaene-vor-bundeswehr-schliesst-standorte-1.1173468 (Abgerufen am 02.04.2012).

63 Vgl. Bundeswehr: „Zusammenfassung der Ergebnisse". (Stand 26.10.2011).
http://www.bundeswehr.de/portal/a/bwde/!ut/p/c4/HYtBDoAgDMDe4gfY3Zu_UG9DJ1mAadi QxNeLpqemKazQEbw5oPEpmGCGZePRN-fbTk6tEFssSIeRE6qB1DBZIdDb_zCVz56qmDPJgard4YrT8AK7u7Mc/ (Abgerufen am 01.03.2012).

64 Vgl. Tagesschau: „Bundeswehr wird Freiwilligenarmee. Bundestag besiegelt Aussetzung der Wehrpflicht". (Stand 24.03.2011). http://www.tagesschau.de/inland/wehrpflichtende100.html (Abgerufen am 02.03.2012).

65 Vgl. Bundesministerium der Verteidigung: „Eckpunkte für die Neuausrichtung der Bundeswehr". (03.06.2011).

http://www.bmvg.de/portal/a/bmvg/!ut/p/c4/RYwxD4lwEEb_UVvCoHGTkKibcRFcSKGXcrFc
yfUKiz9eGlzfS97ykk-_9AbZBb0VjGSDbnQ74KlfVT8tXiUcRuARUNlcAwq-
VZ_JQVphZEWQPSSxQTL5zgF3_6if-
7UDNUQC2S1Agps9W4ms5sgS9pKZt6LQ6dYUdWUK81vxOV6a670sD6a-VQ89T9P5C0f-
-B8!/ (Abgerufen am 01.03.2012).

66 Vgl. Bundesministerium der Verteidigung: „Fragen und Antworten zur Neuausrichtung: 1. Neuausrichtung". (Stand 02.11.2011).
http://www.bmvg.de/portal/a/bmvg/!ut/p/c4/NYu7DslwEAT_yGcjgSl6olBAkYlGQuc4InPgly6
X0PDx2AW70hQ7WnhCadQbOs2YovbwgMHgcfyIMWxOvNJKZRULmtnSbJGXnDwyvuFer
5MVJkXLIWwjY6EjzYIETsS-mpWoGIETDFJ1rVTyH_Vt-sP52qjdvru0N8ghnH41LXAd/ (Abgerufen am 02.03.2012).

67 Vgl. Wikipedia: „Neuausrichtung der Bundeswehr" (o. J.).
http://de.wikipedia.org/wiki/Neuausrichtung_der_Bundeswehr (Abgerufen am 15.03.2012).

68 Vgl. Bundesministerium der Verteidigung: „Minister de Maizière billigt Umrüstung". (Stand 21.10.2011).
www.bmvg.de/portal/a/bmvg/!ut/p/c4/NYuxEslgEET_ilPGOHZiGgsb44zGjhCGnBJgLpfY-
PFC4e7MK_bNwhNKo9nQG8YUTYAH9BYPw0cM8-bFK61UVrGgnRxNDnnJKSDjG-
71OjphU3RcyS4yFnoynEjkRByqWYmKEThCL1WrpZL_qO_-cjvpbtc07Vlflc_z8Qec5KgJ/
(Abgerufen am 13.03.2012).

69 Vgl. Süddeutsche Zeitung: „Guttenberg spricht von „Krieg"". (04.04.2010).
http://www.sueddeutsche.de/politik/afghanistan-guttenberg-spricht-von-krieg-1.6058 (Abgerufen am 19.03.2012).

70 Tagesschau: „Krieg für Wirtschaftsinteressen?". (Stand 27.05.2010).
http://www.tagesschau.de/ausland/koehler370.html (Abgerufen am 18.03.2012).

71 Feldt, Lutz. Vizeadmiral a. D. der Deutschen Marine, ehemaliger Inspekteur der Marine und Vorsitzender des Deutschen Maritimen Instituts.

72 Tucholsky, Kurt (1931): Der bewachte Kriegsschauplatz. In: Die Weltbühne. Ausgabe Nr. 31, S. 191.